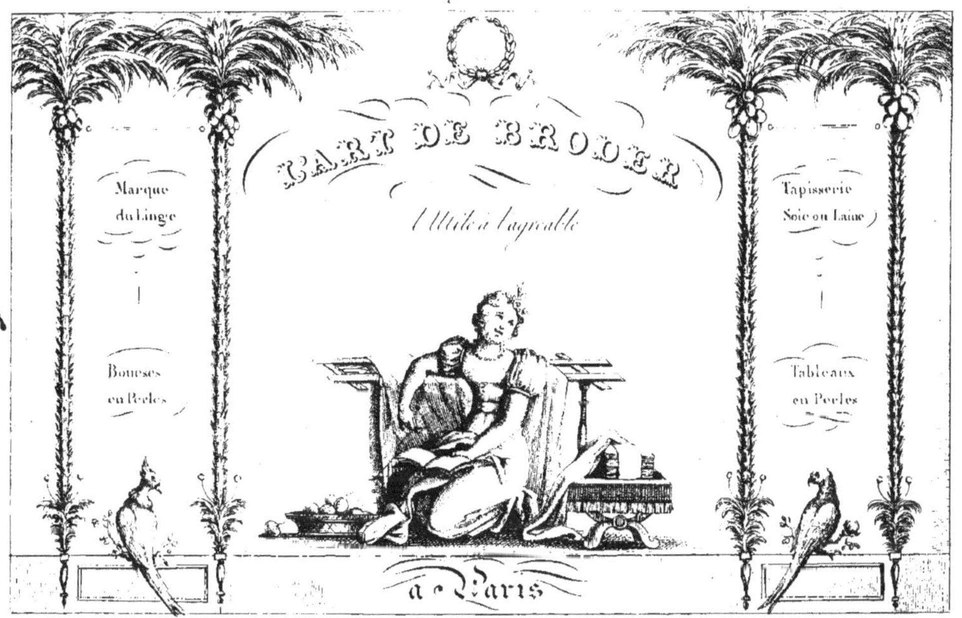
Librairie de RORET Rue Hautefeuille au coin de celle du Battoir.
L'ART DE BRODER
l'Utile a l'agreable
Marque du Linge
Bourses en Perles
Tapisserie Soie ou Laine
Tableaux en Perles
à Paris
chez RORET, Rue Hautefeuille au coin de celle du Battoir.

L'Art de Broder.

Marque. — Tapisserie — en Perles.

Recueil de Modèles coloriés analogues à chacune de ces parties,
avec un texte suffisant pour diriger l'exécution de ces diverses Broderies sur le canevas.

Aux Jeunes Demoiselles.

L'utile à l'agréable.

Par Augustin Legrand.

PARIS,

DE L'IMPRIMERIE DE RIGNOUX, RUE DES FRANCS-BOURGEOIS-SAINT-MICHEL, Nº 8.

L'Art de Broder.

INTRODUCTION.

Broder c'est imiter un objet quelconque en le reportant avec l'aiguille sur une étoffe. L'on brode avec l'or, l'argent, la soie, le coton, la laine et les perles. Ce petit traité ne comprendra que la broderie en marque, en perles, et la tapisserie. Les élémens de cet art se trouveront réunis sur des tableaux faciles à copier, et tellement variés, que leur exécution sur le canevas deviendra, pour nos jeunes demoiselles, un véritable amusement. L'*utile* se présente d'abord : c'est la marque, talent indispensable. Vient ensuite la broderie en tapisserie, d'un usage habituel ; enfin la broderie en perles, travail ingénieux, où l'imagination, l'adresse et le goût peuvent également se faire admirer.

Ce travail en général présente peu de difficultés, car un seul point suffirait, rigoureusement, pour exécuter la tapisserie ; mais la broderie, par de nouvelles combinaisons, en varie admirablement les dessins.

Ce point unique est le *gros point*, et lorsqu'on l'emploie pour la marque du linge on le nomme *point de marque*.

MARQUE DU LINGE. Pour apprendre à marquer le linge, on forme ordinairement ses essais sur un morceau de canevas dont le tissu lâche et apparent donne la facilité de compter les fils sur lesquels doit être pris le point. C'est pour suppléer en partie à ce canevas que nous donnons ici des dessins qui l'imitent.

Le canevas étant placé sur l'index et retenu avec le pouce et le troisième doigt, l'on pique son aiguille dans la toile : le nœud reste en dessous. Il est à remarquer que la toile est formée de quatre fils entrelacés, se coupant à angles droits en hauteur et en largeur ; c'est sur les quatre *fils* que l'on croise le point. L'on fait sortir l'aiguille entre les fils, puis on la renfonce par delà ces deux fils, et le coton se croisant à son tour, coupe le point d'intersection. Si l'on fait ressortir le coton à l'endroit où les fils du canevas forment un troisième angle, et si on le fait rentrer au sommet du quatrième angle, le coton croise à la fois les deux fils de la toile et le premier point se trouve fait. (*Planche* 1, *figures* 1, 2, 3, 6.)

Les points de marque pris les uns dans les autres formeraient une ligne non interrompue, ainsi qu'il convient pour la tapisserie ; mais pour former une lettre il faut souvent laisser les fils non recouverts : l'I nous servira d'exemple ; sa forme se trouve dans presque toutes les lettres, le B, le D, l'M, etc. (*Planche* 1, *fig.* 7.)

Voici comme l'on procède. Après avoir exécuté à gauche le point, au lieu de sortir de suite l'aiguille pour faire le second point à droite, l'on passe deux fils et l'on commence le second point, qui se trouvera parallèle en largeur au premier point et tout semblable ; puis embrassant au dessous des deux points précédens les fils longitudinaux laissés d'abord entre eux, l'on fait un troisième point. On recommence ensuite la manœuvre des deux points en large avec séparation de deux fils longitudinaux, celle du point sur les deux derniers fils ; enfin, celle des deux points, et l'I se trouve fait.

Pour les autres lettres, le jambage exécuté, l'on suit le dessin et ses contours.

La marque du linge est d'une nécessité absolue pour l'ordre d'une maison. Une demoiselle bien élevée doit posséder ce talent.

Elle pourra encore ajouter sur le linge fin, comme mouchoirs de poche, de jolies broderies en couleur qui en feront l'ornement. Voir les modèles de marque (nos 2, 3, 4, 5, 6, 7, 8, 9).

TAPISSERIE. L'on emploie communément pour ce travail le *gros point*; on se sert aussi du *petit point* qui se fait de biais ; plus délicat que le premier, et presque toujours exécuté avec de la soie, il est très agréable à l'œil. On se sert encore de quelques autres points pour former des lozanges , des carreaux, des mosaïques. Les lozanges se font en prenant le canevas de biais. Le carreau se fait en embrassant quatre ou huit fils en tous sens , dessus et dessous suivant la dimension qu'on veut lui donner. C'est le *passé*, avec cette différence qu'il est toujours en droite ligne et que l'on passe l'aiguille deux fois dans un même trou de canevas, ce qui donne un relief au carreau. Les petits carreaux et les lozanges font un joli effet dans les parties unies. On peut varier leur couleur en faisant l'un plus clair, l'autre plus foncé, ce qui produit une espèce de mosaïque. (*Pl.* 1, *fig.* 1, 2, 3, 4, 5, 8.)

Dessus de meubles. Le canevas n° 4 est celui que l'on emploie plus ordinairement pour ces ouvrages. On y trace des dessins avec du noir et du blanc, ou bien on y fait peindre toutes sortes de sujets après avoir fait cylindrer le canevas. Ces dessins coloriés flattent l'œil, mais l'exécution en est difficile , parce que le pinceau glissant sur la toile ne s'arrête pas à chaque fil ou quadrille du canevas. Les dessins gravés sont plus avantageux en ce qu'ils donnent juste la nuance et le contour, carreau par carreau, point par point, de sorte qu'en comptant et reportant sur la toile chaque point de la gravure, on parvient sans peine à remplir le canevas et à rendre le dessin dans toute sa perfection. (*Planches* 10, 11, 12, 13, 14.)

Tapis de pied, de lit, ou de table. Ils se font comme les dessus de meubles ; on les enrichit ordinairement d'une frange ; à cet effet, on laisse tout autour du tapis une bande étroite de canevas non couverte de points ; c'est sur cette bande que l'on établit la frange. On enfile une longue aiguillée de laine ou de soie composée de quatre brins, on pique l'aiguille sur la première ligne par un dernier point, on applique une petite planchette large d'un pouce que l'on appelle *moule*, et après avoir embrassé le moule, la laine vient achever le point. Toute la longueur du moule remplie, on le retire pour continuer la ligne, laquelle terminée, on procède à la seconde, à la troisième et à la quatrième rangée. Ces bandes peuvent se dégrader de ton, ce qui fait un très-bon effet ; enfin l'on passe le ciseau dans les boucles et la frange est faite. (*Planche* 15.)

Il est bon d'observer que les tapis doivent être doublés. Pour le meuble, il s'agit seulement de remplir l'espace; le tapissier y ajoute le galon.

Tapis de lampes. Ces petits tapis sont aujourd'hui très en usage; ils préservent les tables de bois précieux, le linge de table et les marbres : c'est un objet de luxe. Les plus simples acquièrent souvent bien du prix aux yeux des parens, lorsqu'ils y voient briller le talent de leurs jeunes demoiselles. Les franges sont devenues partie essentielle de ces tapis; elles sont très saillantes à l'entour, et forment encadrement. La frange à fleur est la plus jolie par le mélange des couleurs. La grandeur du tapis comporte en carré soixante-dix points; le milieu reçoit tel dessin que l'on veut. (*Planche* 16.)

Pour la bordure l'on fait une rangée de boucles en laine verte, puis sur chaque côté l'on fixe trois ou quatre rondelles de papier grandes comme une pièce de cinq francs, suivant la largeur; on remplit l'espace qui se trouve entre ces rondelles avec de la laine verte, l'on ôte ensuite la première rondelle et au milieu du rond l'on fait trois points de frange avec de la laine noire, rouge, bleue ou jaune, selon la nuance de la fleur que l'on représente; on tourne en spirale les points subséquens, et bientôt ces cercles produiront des roses, des marguerites, etc., d'un aspect agréable. L'on coupe ensuite les boucles et les fleurs jetées sur une mousse ou sur un gazon verdoyant. On peut alterner la couleur des fleurs. Les dessins à exécuter dans ce genre sont à l'infini, et dépendent du goût et du soin des personnes qui les exécutent.

Ouvrages en perles.

Bourses. L'art de travailler en perles est une espèce de broderie. On emploie le gros point pour fixer les perles sur le canevas. Depuis quelques années, dans les pensionnats, dans le commerce, on les met en œuvre avec beaucoup de délicatesse; on en fait des *tableaux*, des *bourses*, des *sacs*, des *anneaux de serviette*, des *porte-montres* et des *bracelets*.

Ces bourses si jolies se font sur un canevas très-fin ou au tricot; rien n'est plus facile.

Pour l'une ou l'autre façon, l'on place devant soi des perles assorties suivant le dessin que l'on se propose d'imiter. On passe dans une aiguille une soie blanche assez mince pour enfiler les perles qui sont percées, et les faire passer successivement dans la soie, de sorte que chaque carreau du dessin indiquant une perle, il faudra la fixer sur chaque carreau du canevas qui sert de base à tout l'ouvrage. Ainsi l'on commence la première rangée de perles tout en comptant ses points et variant ses couleurs à la demande du dessin, et de suite jusqu'à la dernière, après quoi l'on s'occupe de la contre-partie de la bourse sur le même canevas; ces deux parties réunies ensuite par une couture, n'attendent plus qu'un petit gland à l'extrémité inférieure et un ressort pour fermer l'extrémité supérieure. L'on procède un peu différemment pour les bourses en tricot; il faut enfiler toutes les perles qui doivent composer le dessin, par ordre de rangées, suivant la couleur qui se présente en comptant exactement les points, autrement l'on fausserait le dessin. Il faut faire successivement deux rangées de perles semblables, c'est-à-dire redoubler le dessin, qui ne présente qu'une face, attendu que la bourse en comporte deux; ce travail fait, et la pelotte de perle bien confectionnée, l'on

prend un jeu d'aiguille et l'on tricotte à l'ordinaire en faisant passer une perle dans chaque maille.

L'on commence la bourse par en bas, élargissant à mesure en comptant le nombre des mailles nécessaires pour chaque rangée. Les bourses rondes se commencent par le milieu si le dessin indique des pointes. (*Planche* 17.)

Sᴀᴄs ᴇᴛ ʙʀᴀᴄᴇʟᴇᴛs. Les sacs dits autrefois *ridicules*, se font comme les bourses, mais sur une plus grande dimension ; de quelque forme qu'ils soient il faut les doubler avec de la soie. Les bracelets de perles se doublent de taffetas; on les attache à un fermoir ou tout simplement à un bouton d'acier au moyen d'une boutonnière en soie, pour ne point percer le tissu de perles.

Aɴɴᴇᴀᴜx ᴅᴇ sᴇʀᴠɪᴇᴛᴛᴇs. L'on prend une bande de canevas très fin, l'on choisit un dessin que l'on exécute selon que nous l'avons indiqué pour les bourses; cela fait, on colle le canevas avec de la gomme sur un carton de la même dimension, réuni par les deux extrémités et formant un anneau; on, encadre le dessin avec deux cercles de cuivre doré ou d'argent, et l'anneau de serviette devient un meuble fort utile et fort élégant. (*Planche* 17.)

Porte-montre. Le dessin choisi, l'on exécute l'ensemble comme nous l'avons dit ci-dessus, puis l'on découpe la toile suivant la forme adoptée ; on l'assujettit sur un carton, on double le tout, et l'on ajoute au tour pour bordure un ruban de soie frisé avec goût. Il ne faut point oublier de faire une boutonnière ou une rosette pour l'attacher.

Tableaux en perles. Ces tableaux agréables indiquent chez leur auteur une grande intelligence, et beaucoup de goût joint à beaucoup de patience ; on les encadre élégamment, alors ils présentent un ensemble charmant. Une jeune personne ne saurait mieux témoigner son amitié et sa reconnaissance à ses parens, qu'en s'occupant d'un pareil travail pour leur en faire hommage. Les tableaux représentent tous les objets possibles, fleurs, figures, paysages, animaux, devises, emblêmes, etc. (*Pl.* 18, 19, 20.)

On emploie les mêmes procédés indiqués ci-dessus pour tous les ouvrages en perles. On observe qu'il faut arrêter fortement le fil quand l'aiguillée vient à finir, parce que les perles se suivraient l'une l'autre: on l'arrête en dessous avec un point de surjet, dans la boucle duquel on passe et repasse l'aiguille.

Tous les ouvrages en perles se blanchissent au simple savonnage.

On trouve partout des dessins gravés et coloriés; ceux de M. Augustin Legrand (qui le premier créa en France ce genre de modèles de broderie à l'imitation de l'Allemagne) sont de bon goût, d'une grande exactitude pour la confection et parfaitement en rapport de mesure avec le canevas.

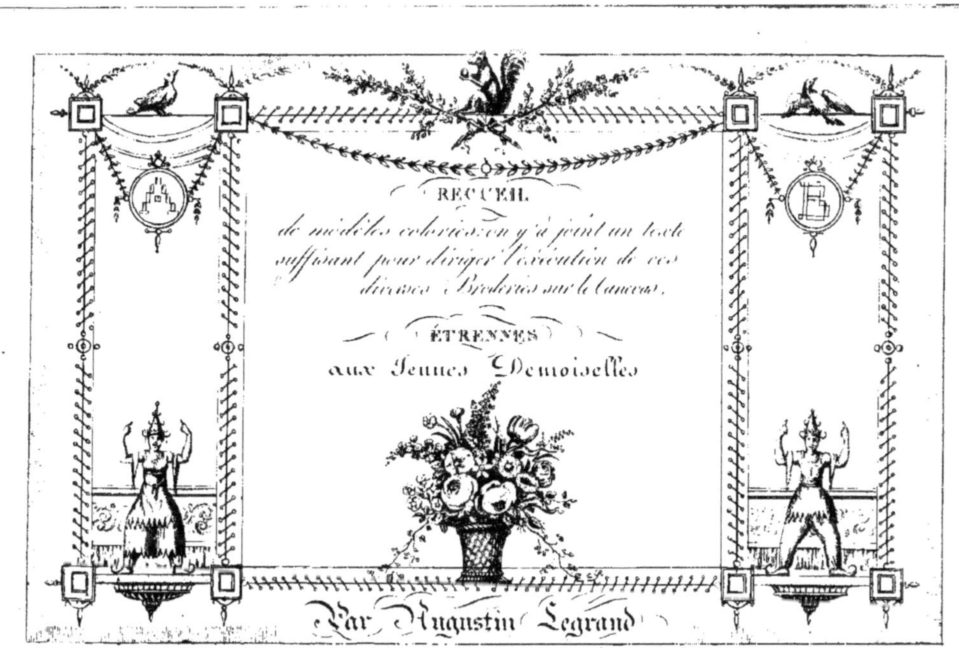

RECUEIL
de modèles coloriés, on y a joint un texte
suffisant pour diriger l'exécution de ces
diverses Broderies sur le Canevas.
ÉTRENNES
aux Jeunes Demoiselles
Par Augustin Legrand
A Paris chez RORET, Rue Hautefeuille au coin de celle du Battoir.

N.º 1.

Gros point.

Point de biais.

Petit Point.

Fig. 1.

1.er passage

le retour

Point achevé

Fig. 2

1.

Point de Mosaïque.

Point de Mosaïque.

Point de Marque.

Point Contrarié.

Fig. 4.

Fig. 5.

Fig. 6.

Fig. 7.

Fig. 8.

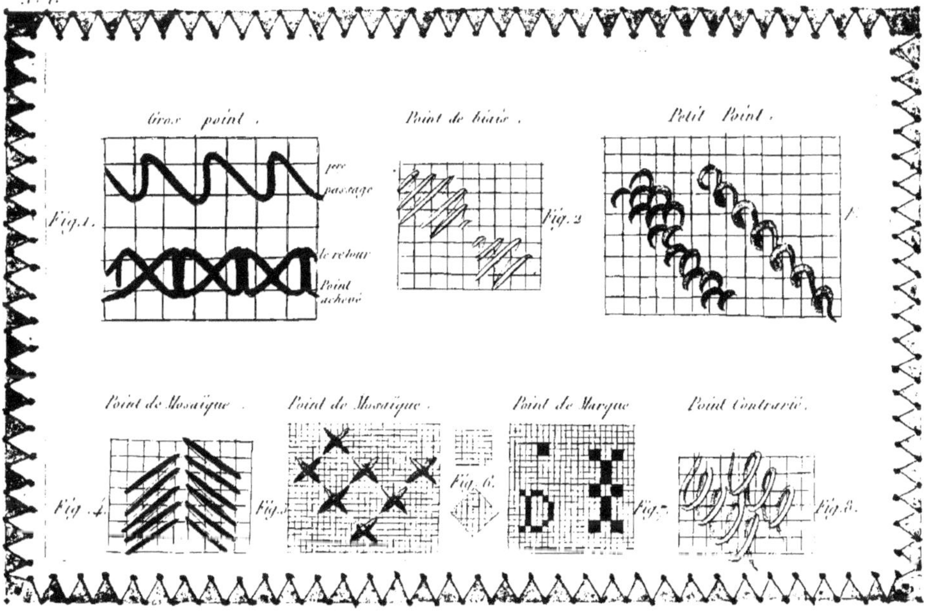

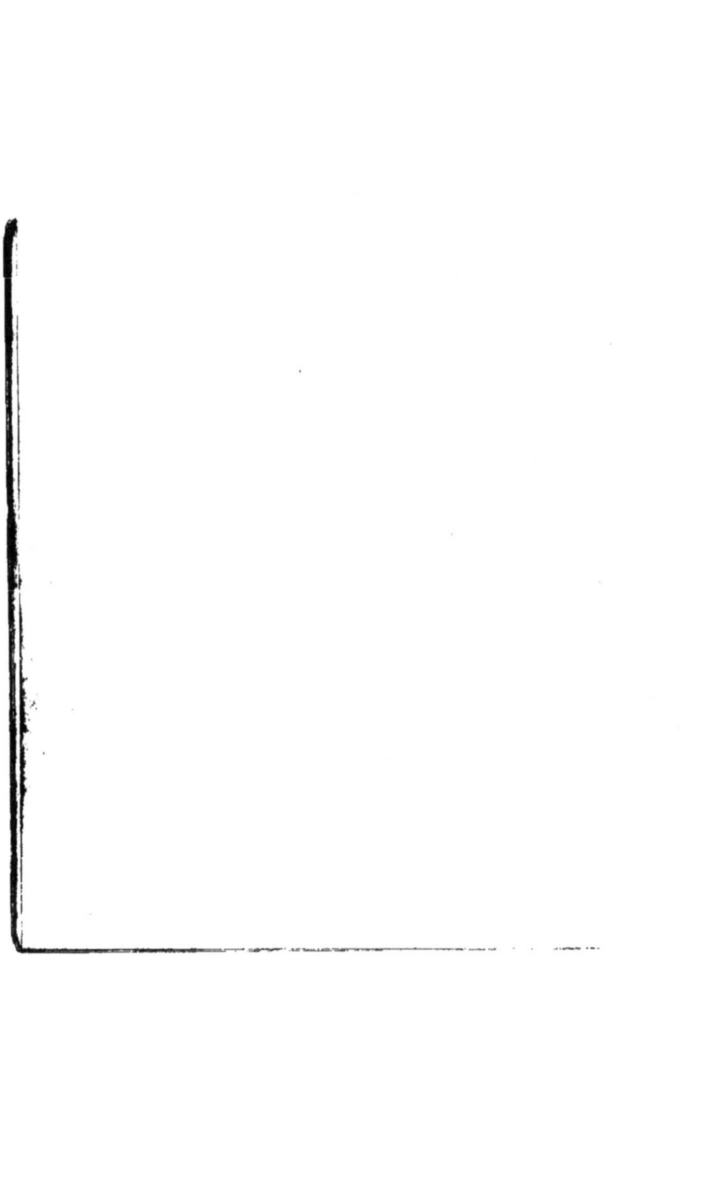

ABCDEFGHILKLMNOPQRS
TUVXYZ — 1234567890

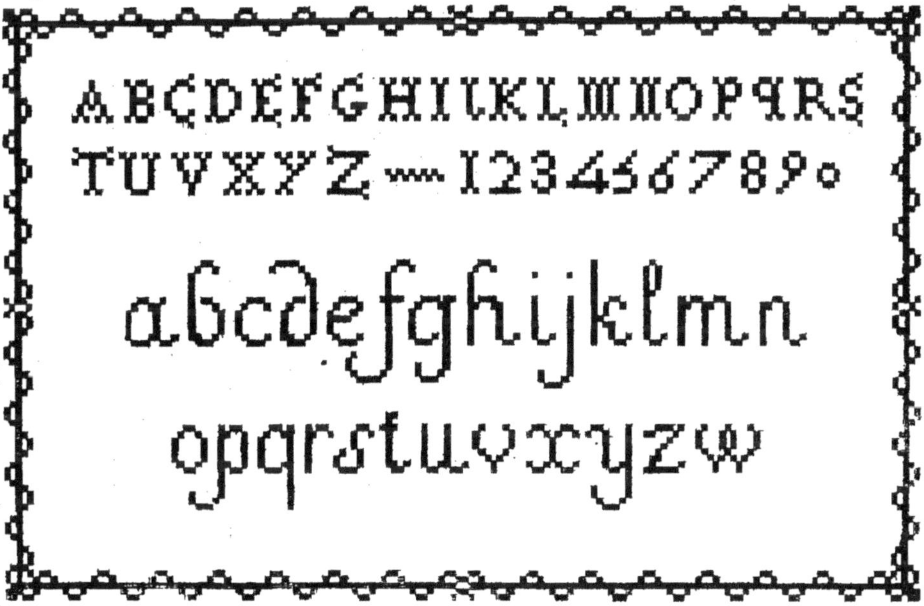

abcdefghijklmn
opqrstuvxyzw

Alphabet Anglais - Gothique.

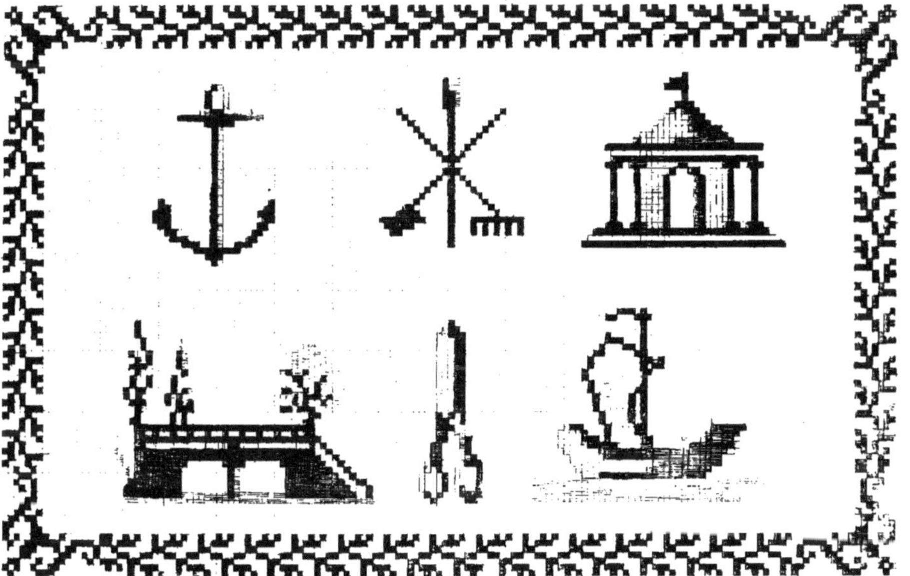

A B C D E F G H
I K L M N O P Q
R S T U V X Y Z

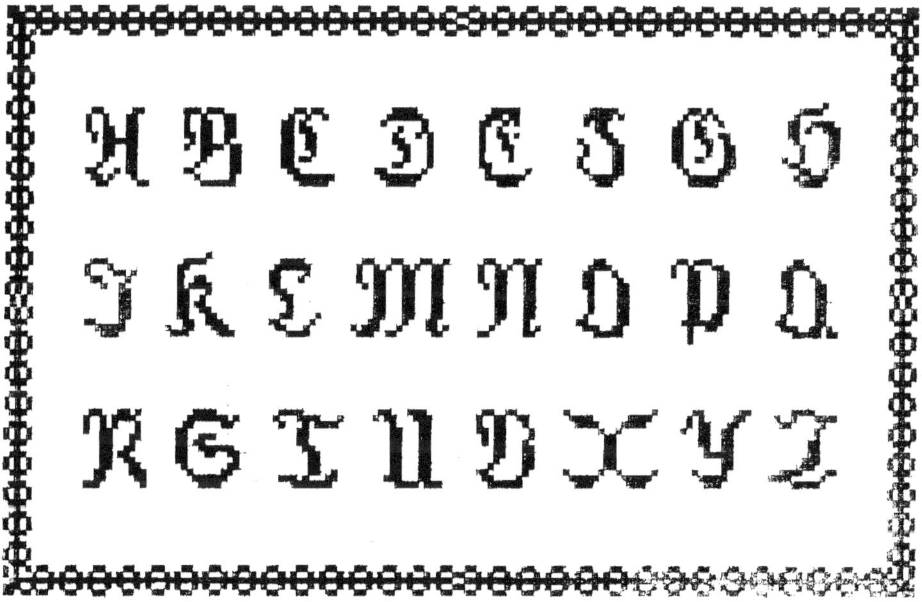

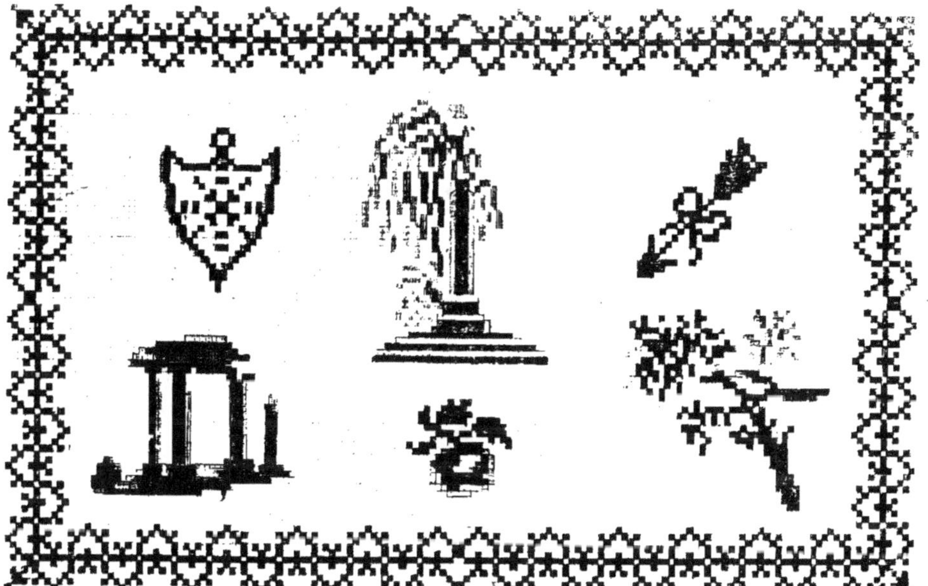

Marque

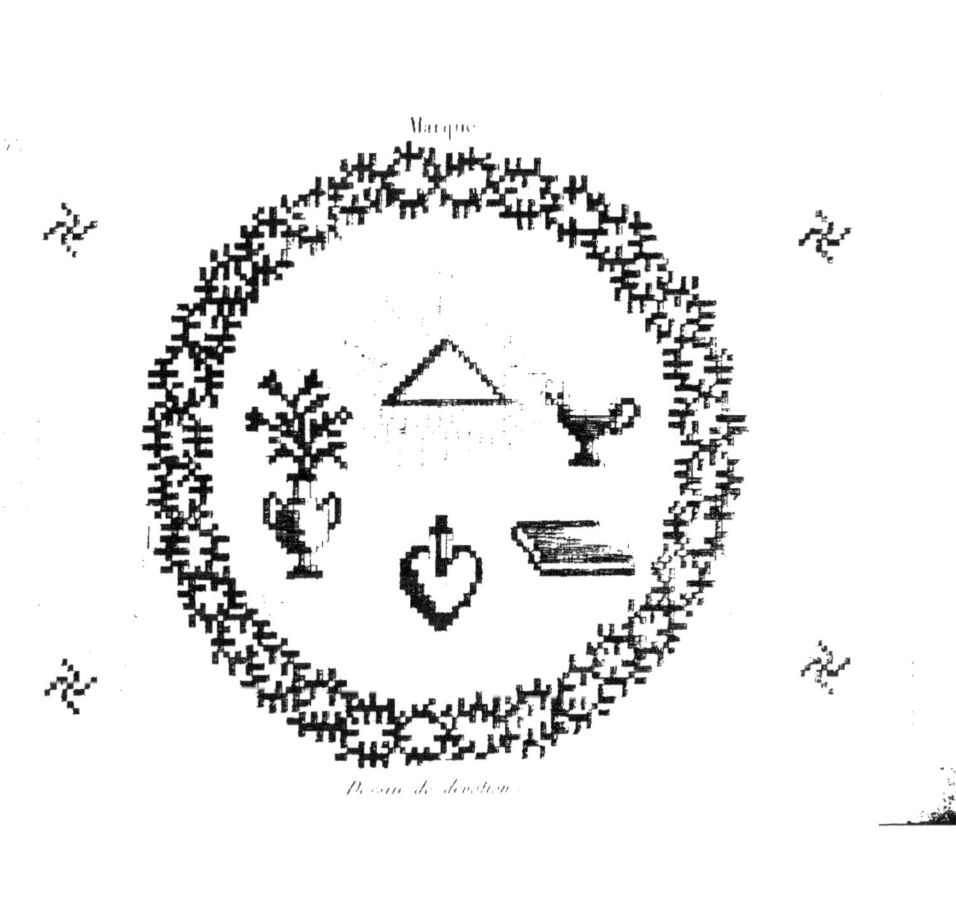

Dessin de dévotion

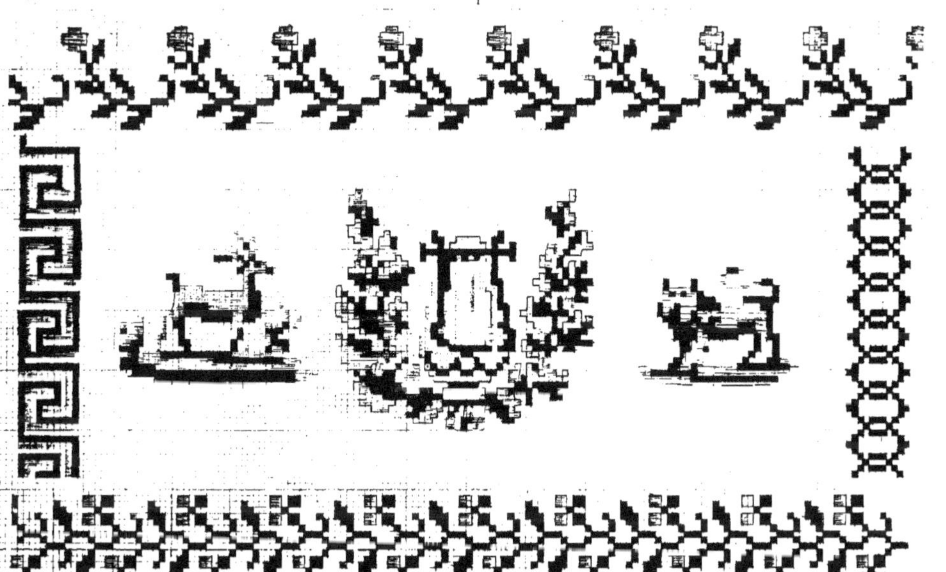

Bordures et Broderies pour Mouchoirs.

Marque

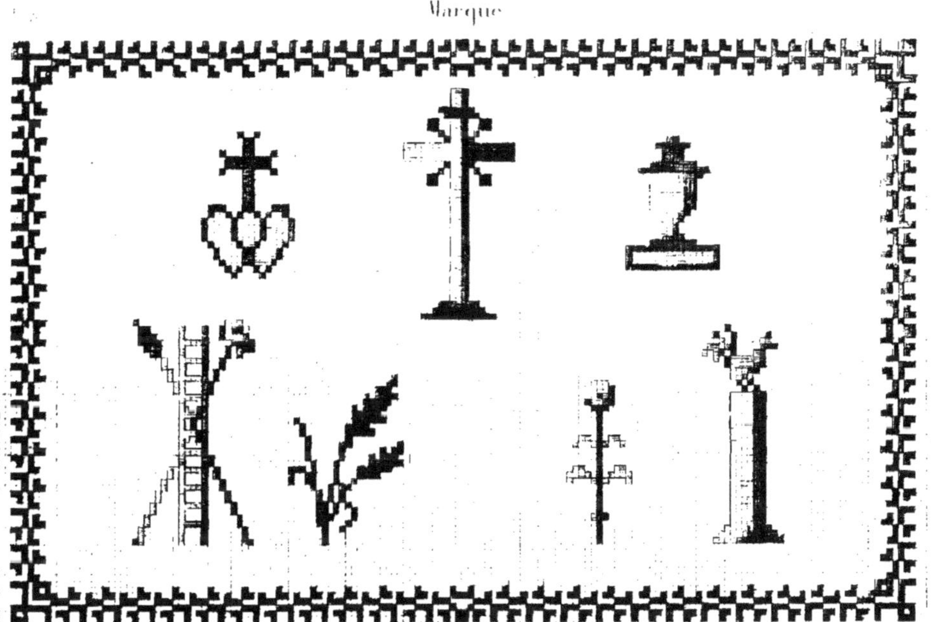

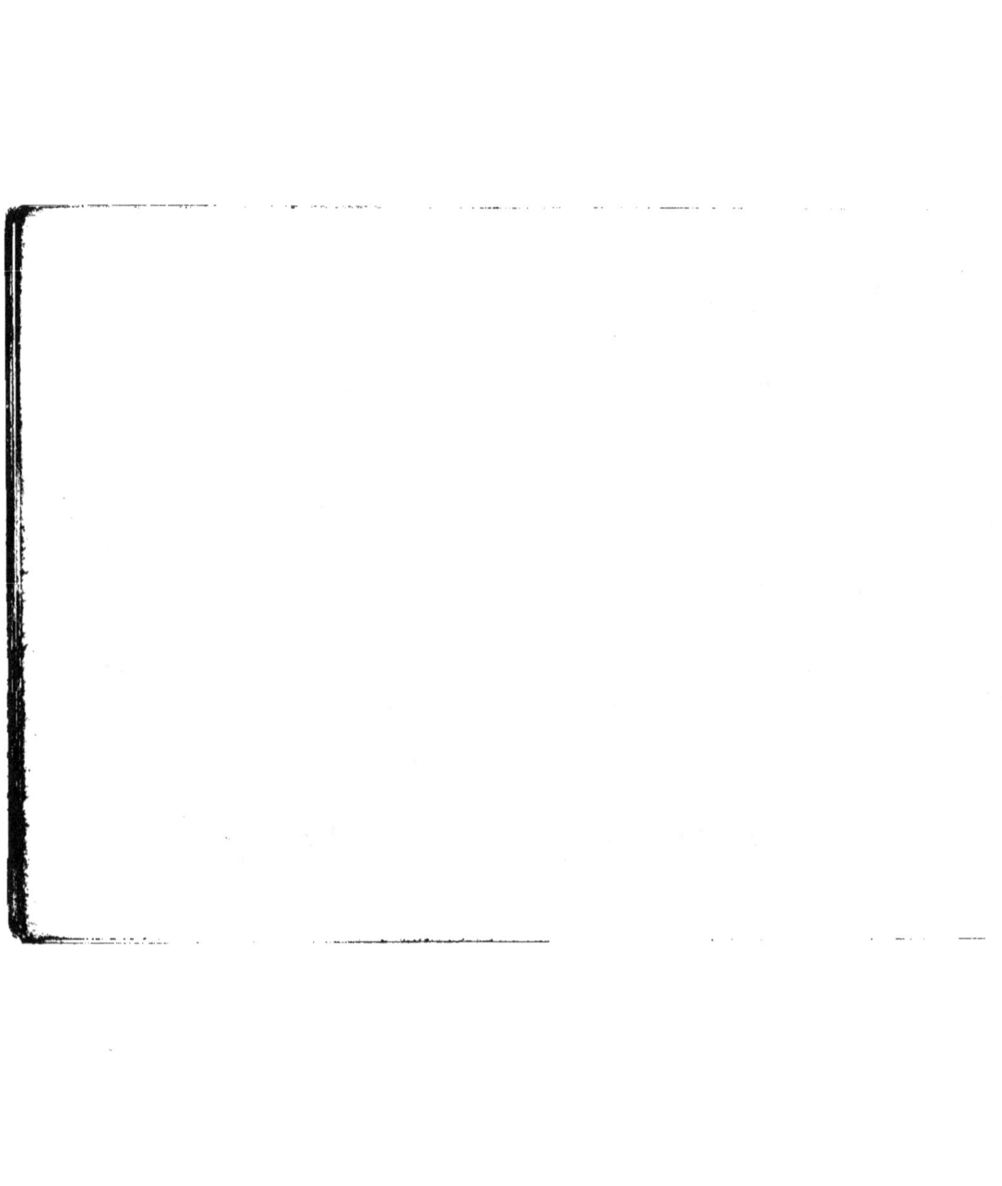

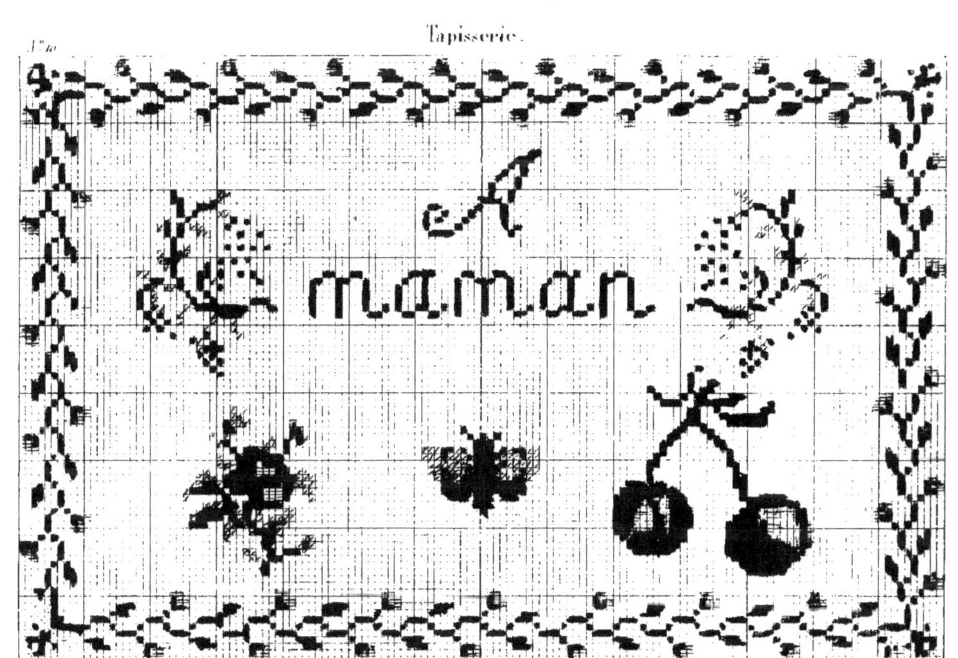

Études pour la marque également.

Anglaise pour Mouchoir ou Serviette

N°12.

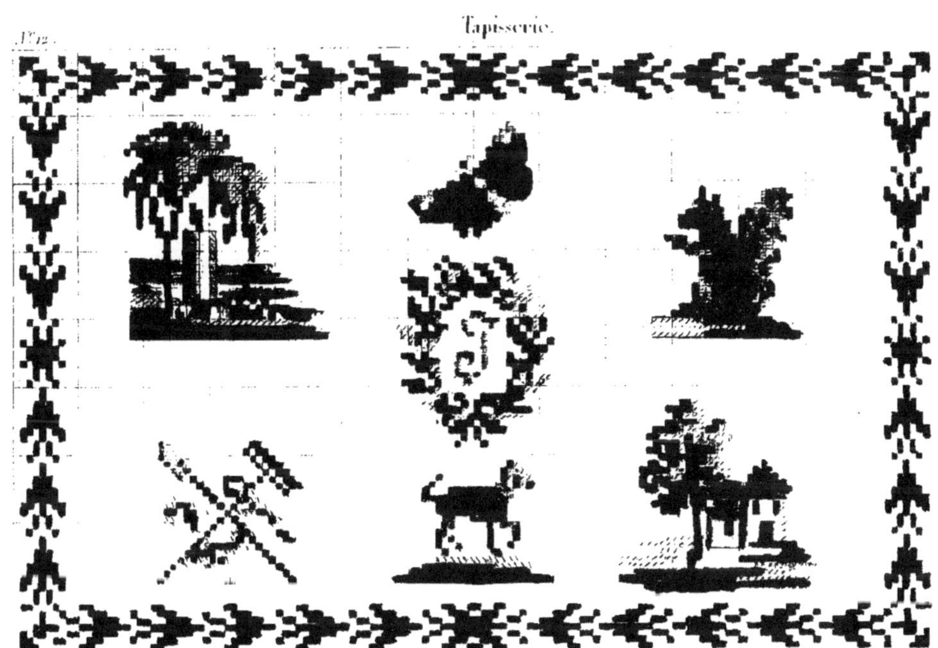

Copié

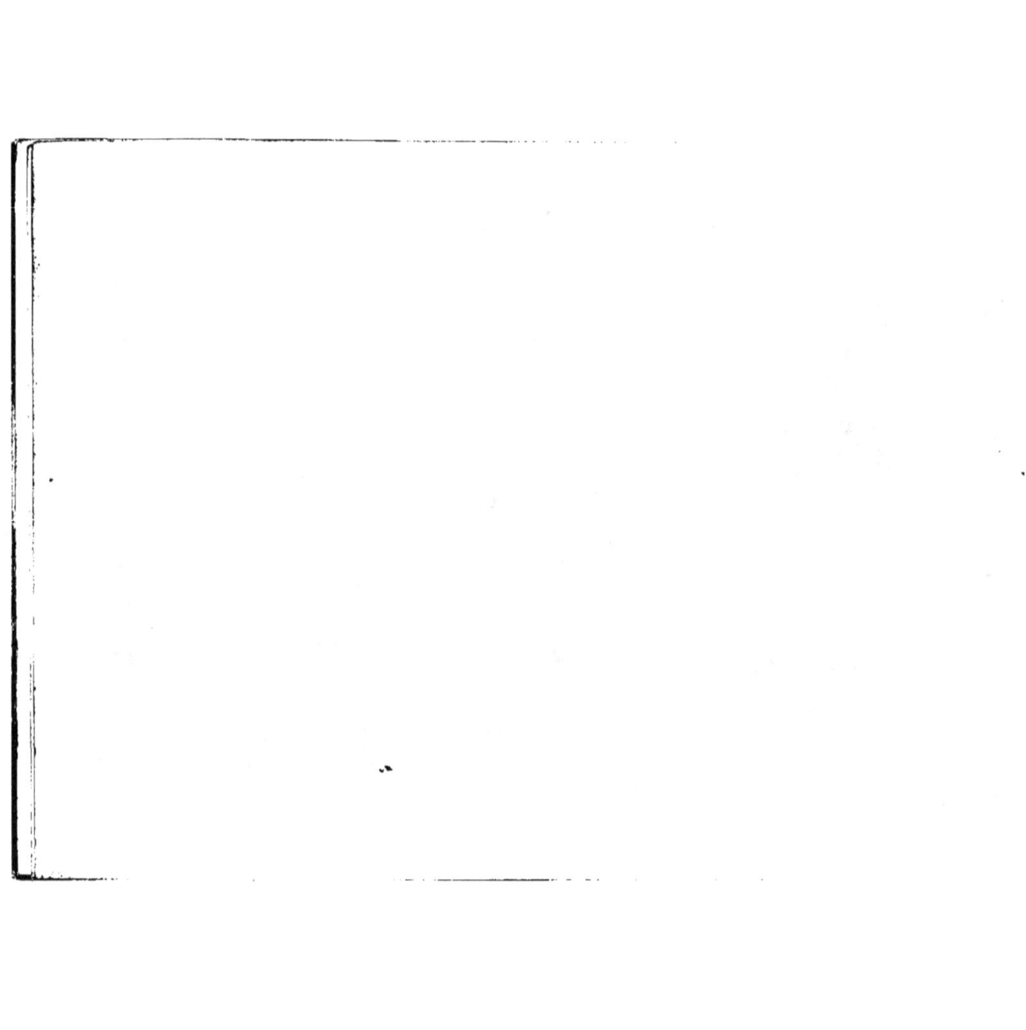

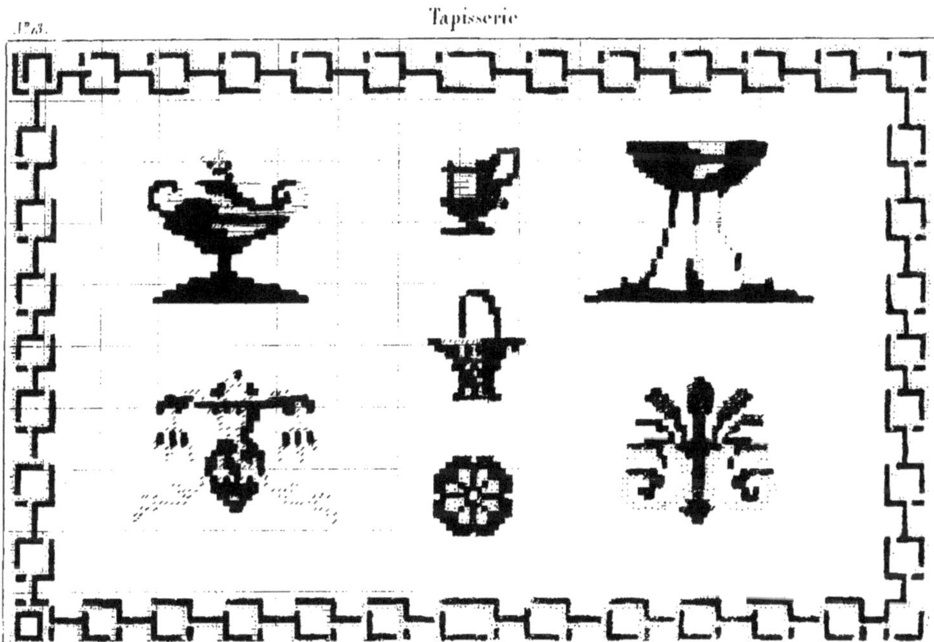

Autres Broderies.

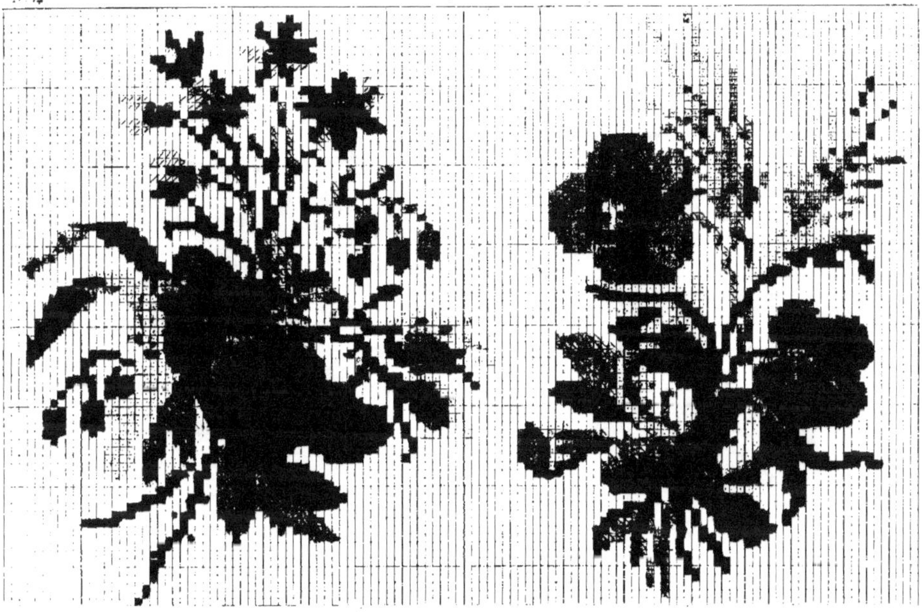

Bouquets pour fond de Meuble.

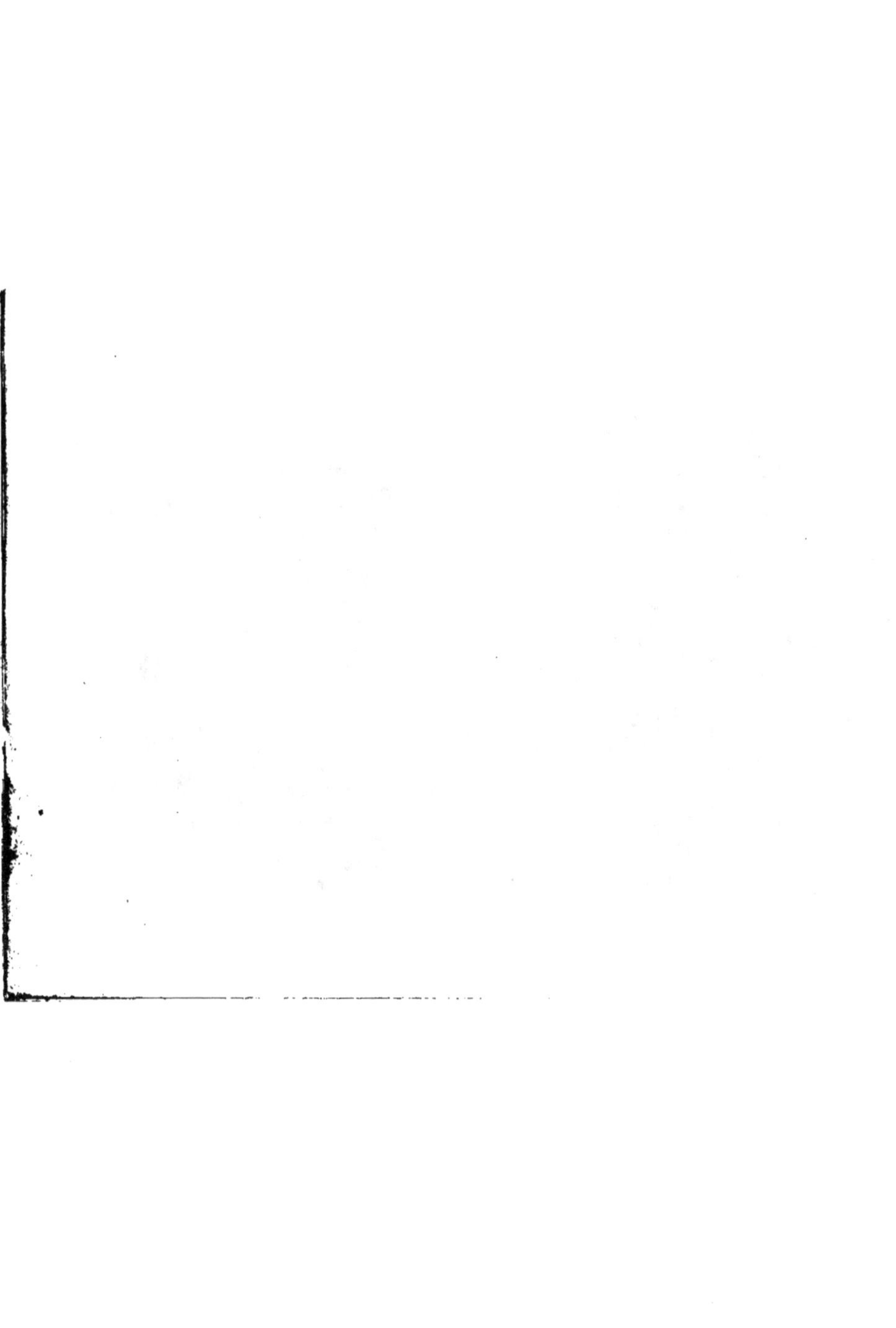

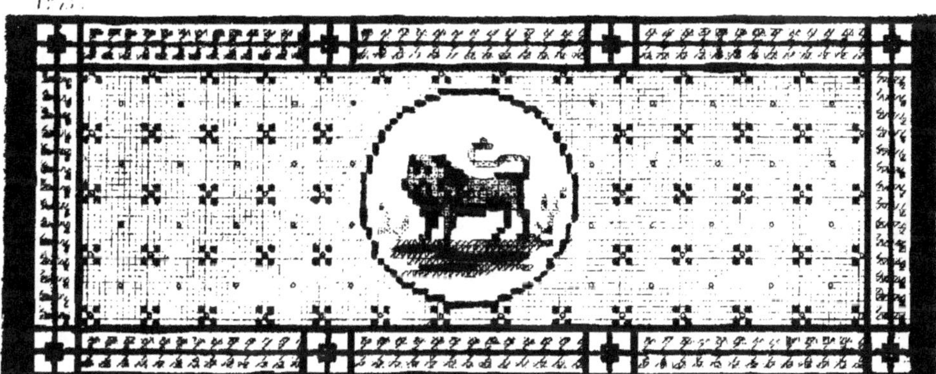

 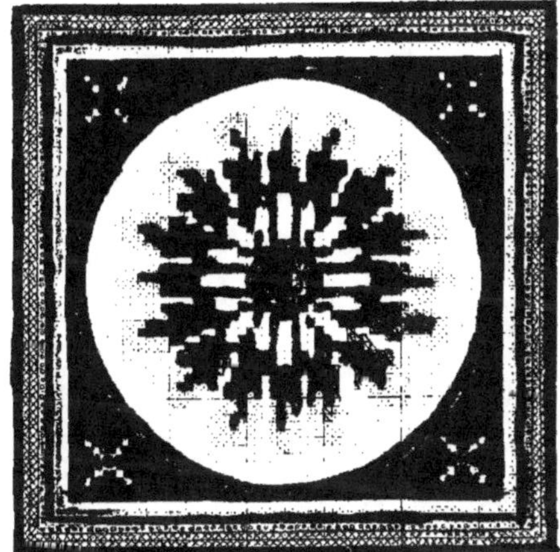

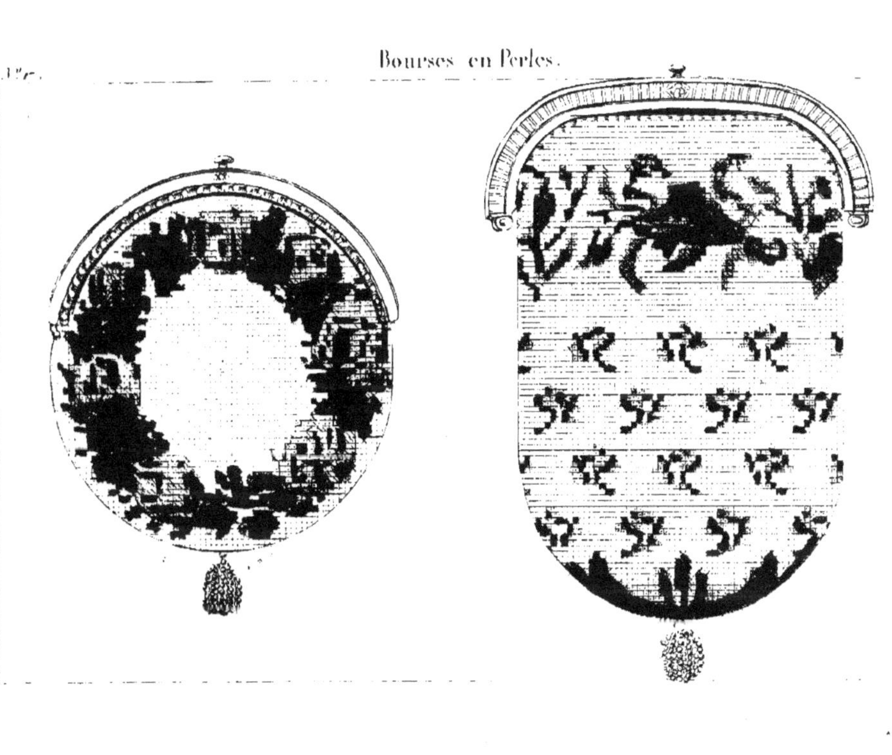

Anneau de Serviette en Perles.

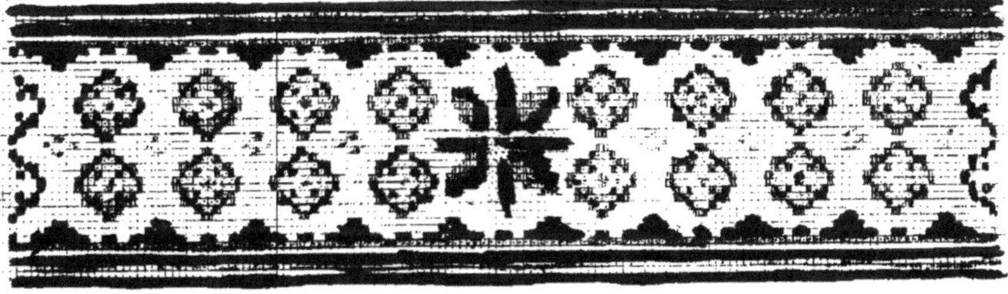

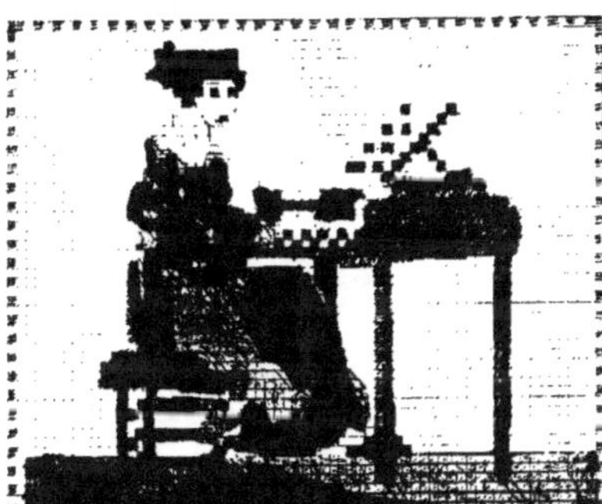

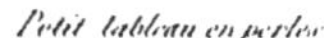

Petit tableau en perles.

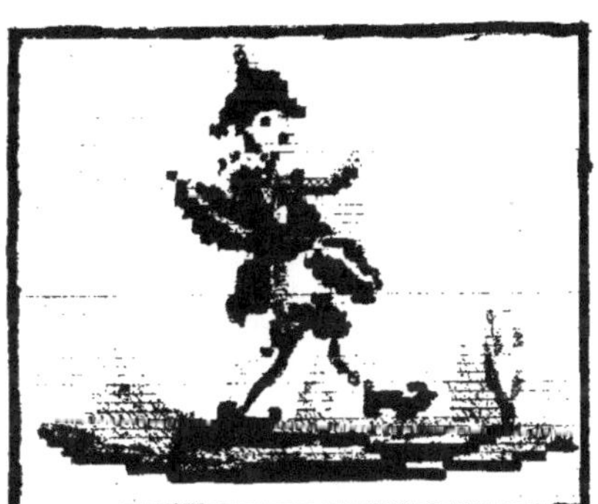

Petit tableau en perles.

Tableau en Perles.

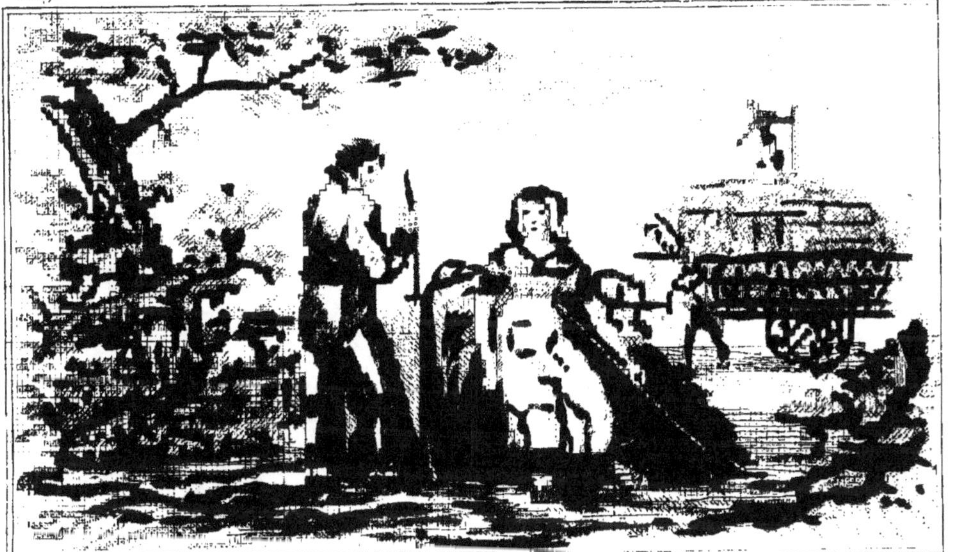

Tableau en Perles.

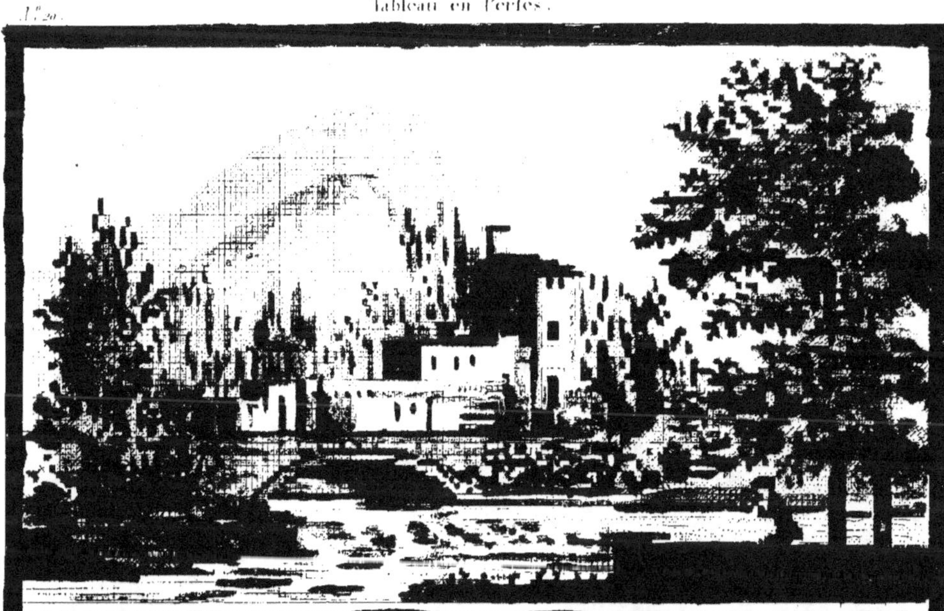

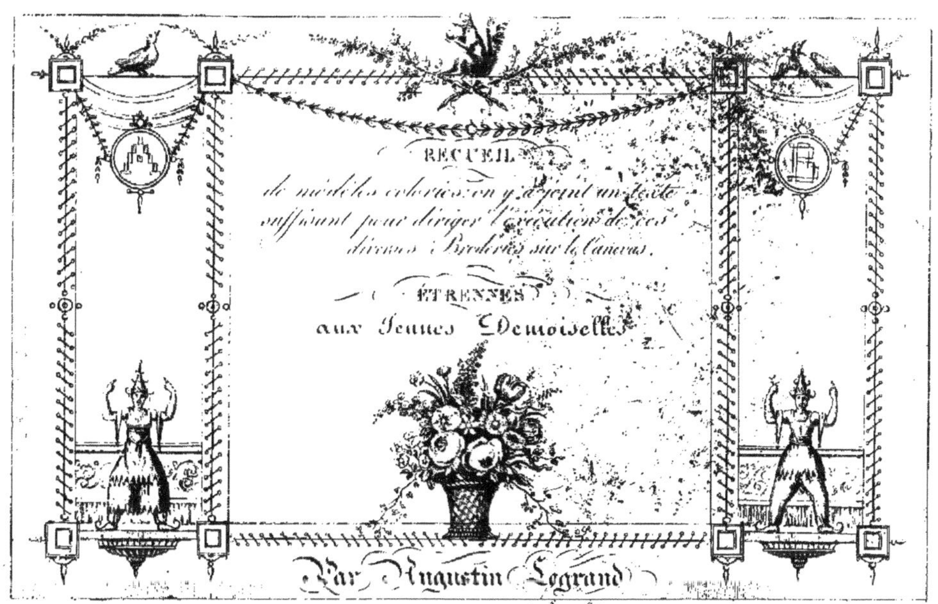

RECUEIL
de modèles coloriés, on y a joint un texte
suffisant pour diriger l'exécution de ces
diverses Broderies sur le Canevas.
ÉTRENNES
aux Jeunes Demoiselles
Par Augustin Legrand
A Paris chez RORET, Rue Hautefeuille au coin de celle du Battoir.